FRANÇOIS FABIÉ

MOLIÈRE ET MONTESPAN

COMÉDIE EN UN ACTE, EN VERS

REPRÉSENTÉE

POUR LA PREMIÈRE FOIS AU 3ᵉ THÉÂTRE-FRANÇAIS, LE 15 JANVIER 1879

ET REPRISE SUR LE MÊME THÉÂTRE LE 15 JANVIER 1880

Extrait du Bulletin de l'Académie du Var.

TOULON

IMPRIMERIE RÉGIS PHARISIER & Cⁱᵉ

49, RUE NATIONALE, 49

1882

FRANÇOIS FABIÉ

MOLIÈRE ET MONTESPAN

COMÉDIE EN UN ACTE, EN VERS

REPRÉSENTÉE

POUR LA PREMIÈRE FOIS AU 3ᵉ THÉATRE-FRANÇAIS LE 15 JANVIER 1879

ET REPRISE SUR LE MÊME THÉATRE LE 15 JANVIER 1880

TOULON

IMPRIMERIE RÉGIS PHARISIER & Cⁱᵉ

RUE NATIONALE, 49

—

1883

PERSONNAGES	ACTEURS
—	—
MOLIÈRE, âgé alors de quarante-six ans (1668)	MM. PAUL RAMEAU.
Le marquis de MONTESPAN, même âge à peu près.	LELOIR.
CHAPELLE, joyeux viveur, poète à ses heures, (quarante-deux ans environ)	BARRAL.
Mlle de BRIE, actrice jouant les ingénues . . .	Mlles MARY GILLET.
LAFORÊT, gouvernante chez Molière.	MARIE BLANC.

La scène est à Paris, chez Molière, en 1668, le soir de la
première représentation d'AMPHITRYON.

MOLIÈRE ET MONTESPAN

Le théâtre représente une salle à manger chez Molière. Une porte dans
le fond ; une à droite et une à gauche.

SCÈNE I

LAFORÊT, MOLIÈRE.

> LAFORÊT, en train de mettre la table,
à Molière qui entre par la gauche.

Ah ! vous voilà, Monsieur ?

> MOLIÈRE, très fatigué.

Me voilà !

> LAFORÊT, regardant son maître en face.

Du souci ?...

> MOLIÈRE.

Toujours.

> LAFORÊT.

Amphitryon n'a donc pas réussi ?

> MOLIÈRE.

Au contraire : il a fort désopilé les rates.

> S'asseyant.

Mais ce Mercure m'a rompu les omoplates.

> LAFORÊT, vivement.

Jusques à quand, Monsieur, voulez-vous les jouer
Ces rôles où de coups vous vous faites rouer,

Sganarelle et Géronte, et Sosie, et vingt autres ?...
Les rôles les plus doux devraient être les vôtres ;
Vous toussez, il vous prend des hoquets en parlant,
Vous revenez lassé, de sueur ruisselant ;
Vous vous tuez enfin !

MOLIÈRE, souriant.

Là ! ne sois pas si prompte...

LAFORÊT, de même.

Et puis, fatigue à part, j'aurais un peu de honte,
S'il me fallait jouer les sots et les poltrons
Et prêter, chaque soir, l'échine à tant d'affronts.

MOLIÈRE, de même.

Ah çà ! décidément, Boileau t'a fait visite,
Laforêt ?

LAFORÊT.

Non, Monsieur, mais tout cela m'excite...
Molière tousse.

Tenez ! voilà la toux !

MOLIÈRE.

Fais-moi chauffer du lait.

LAFORÊT, insistant.

Un verre de bon vin, une aile de poulet...

MOLIÈRE, amèrement après un silence.

Non, je ne soupe point !... Mais ma femme soupe, elle,
N'est-ce pas ?

LAFORÊT, embarrassée.

Je ne sais.

Laforêt sort par le fond.

MOLIÈRE, de même.

Avec Lauzun, Chapelle,
Guiche, Guérin... peut-être avec l'ingrat Baron,
Mon élève, mon fils !...

Se levant.

Ah ! le voilà l'affront !...
L'affront toujours vivant, qui me fait saigner l'âme !

Après un silence.

Oh ! si j'étais aimé seulement de ma femme !
Si, le soir, en rentrant, je la trouvais ici,
Prête à noyer dans un sourire mon souci,
Et, pour me faire accueil quand je parais morose,
Offrant à mes baisers un joli bambin rose !...
Si je pouvais, en les prenant sur mes genoux,
Dire : « Assez pour autrui : vivons un peu pour nous ! »
Comme je braverais les cris et la colère
Des faquins emplumés à qui j'ai su déplaire,
Des pédants, des fâcheux que mon vers fustigea
Et des bigots qui m'ont cent fois damné déjà !...
Mais, rien ! le foyer froid et la maison déserte !

LAFORÊT, qui est rentrée depuis un moment.

Eh bien ! et moi, Monsieur ?

MOLIÈRE, à Laforêt.
Pardon !

LAFORÊT.
Je sais bien, certe,
Que la vieille servante est loin de remplacer
Un beau jeune tendron...

MOLIÈRE, ému.
Laisse-moi t'embrasser,
Laforêt ! car toi seule encor...

SCÈNE II

LES PRÉCÉDENTS, Mlle DE BRIE.

De BRIE, entrant vivement par le fond.

Autre blasphème !

MOLIÈRE, ébahi

De Brie ?...

De BRIE.

Oui, puisqu'il faut vous prouver qu'on vous aime !

MOLIÈRE, ému.

Ah ! merci, chère enfant !

Aux deux femmes.

C'était donc un complot ?

Soupons alors !

Il s'assied à table. Laforêt et de Brie vont et viennent par la
porte du fond, et apportent une collation.

Six mois je n'ai bu que de l'eau
Et du lait ; c'est malsain : au diable les tisanes
Et les docteurs !

De BRIE.

Fort bien, ce sont des sots !

LAFORÊT.

Des ânes !

MOLIÈRE, à Laforêt.

Tu vas loin !

LAFORÊT.

Voilà pas qu'il fait le renchéri ?

MOLIÈRE.

Des médecins pourtant je n'ai pas beaucoup ri.

DE BRIE.

Oh ! non, mais ça viendra !

MOLIÈRE.

Dam ! si je suis malade !
Je raille Alceste quand je me sens trop maussade,
Arnolphe quand ma femme a fui de la maison,
Et Dandin quand je suis... trompé comme un oison !

LAFORÊT.

Quoi ! vous y revenez ?

DE BRIE, d'un ton câlin.

Dites-nous donc, cher maître,
Dans quels moments bénis de joie et de bien-être,
D'Éliante et d'Agnès vous faites les portraits ?

LAFORÊT.

En quel temps avez-vous étudié de près,
Pour les camper si bien, les deux poings sur les hanches,
Ces sages en jupons trop courts et coiffes blanches
Qui s'appellent Dorine et Nicole ?

MOLIÈRE, à Laforêt.

Ma foi,
Celles-ci sont un peu tes parentes à toi.

Regardant en souriant de Brie.

Les autres...

DE BRIE, lui fermant la bouche.

Taisez-vous !

MOLIÈRE, reprenant son ton amer.

Et quant à Célimène,
Son véritable nom...

LAFORÊT, à de Brie.

Hélas ! tout l'y ramène.

> MOLIÈRE, *tristement et comme s'il était seul.*

L'ingrate !... et pour des sots !... Un Guérin d'Estriché,
Un Baron, de succès galants tout entiché,
Un Lauzun, courtisan bouffi d'effronterie...

> LAFORÊT, *haussant les épaules.*

A quoi bon parcourir toute la galerie ?

> MOLIÈRE, *faisant effort pour s'égayer.*

Laforêt a raison ! Quel pauvre homme je suis !
Allons, versez à boire, et noyons les ennuis.
Il nous faudrait Chapelle.

> LAFORÊT.

> Un libertin damnable !

> DE BRIE.

Est-ce donc se damner que d'un peu rire à table ?

> LAFORÊT.

La Fontaine et Boileau...

> MOLIÈRE.

> Pour le bonhomme, encor

Passe, il est assez gai, mais l'autre vous endort.
A propos, nous allons faire encore un esclandre :
Le roi veut voir *Tartufe* à son retour de Flandre ;
Nous allons répéter demain.

> DE BRIE.

> Et j'y joûrai... ?

> MOLIÈRE.

Marianne, parbleu !...

> DE BRIE, *ingénument.*

> Que je vous aimerai !

Car vous ferez Valère, et mon cœur en raffole.
Sera-ce assez gentil !

MOLIÈRE.

Ah ! chère tête folle !
Les rôles de barbon sont à présent mon fait,
Et je vais, dans *Tartufe*, être un Orgon parfait.

DE BRIE, faisant la moue.

Orgon ?. . pouah !

MOLIÈRE, amer.

Vous verrez si j'y suis supportable,
Et comme, en me cachant prestement sous la table,
Ma femme...

On entend des coups à la porte d'en bas.

Vivement.

On a frappé !

A Laforêt.

Va voir si ce n'est point
Armande.

LAFORÊT, à part.

O grand naïf !

Elle sort à gauche.

DE BRIE, à Molière.

A la lourdeur du poing,
Je crains bien d'un fâcheux la visite incongrue.

MOLIÈRE, se levant.

Tu crois ?... Tâchez alors de le mettre à la rue.
Je n'y suis pas.

DE BRIE, montrant la table.

Monsieur, pour répéter Orgon,
Si vous vous cachiez là ? ..

On entend une grosse voix dans l'escalier.

MOLIÈRE, écoutant.

C'est un accent gascon !

A de Brie, montrant la porte de droite.

Sauvons-nous... Je serai derrière cette porte,
Et pourrais au besoin...

Il sort par la droite.

SCÈNE III

MONTESPAN, LAFORÊT, DE BRIE.

LAFORÊT, à Montespan.

Pour venir de la sorte,

A dix heures, troubler d'honnêtes gens chez eux,
Quels motifs avez-vous ?

MONTESPAN, à deux hommes armés d'un bâton et que
l'on entrevoit par la porte ouverte.

Placez-vous là tous deux.

Il place les deux hommes dans l'escalier.

A Laforêt avec violence.

Quels motifs ? Je t'ai dit que c'est à ses épaules
Que ces gens les diront avec leurs grandes gaules !
Fais-moi venir ici ce bouffon éhonté !

DE BRIE, effarée.

Mon Dieu !

LAFORÊT, voulant courir vers le fond.

Je vais crier !

MONTESPAN.

Criez en liberté :

Le guet ne viendra point, et j'ai posté dix hommes
A quatre pas d'ici.

De BRIE, avec indignation.

Mais, Monsieur, nous ne sommes

Que deux femmes céans...

MONTESPAN, ironique.

Les hommes sont cachés ?

Allant à la porte du fond et frappant du poing.

Appelant.

Hé ! Molière !

Molière entre par la droite et s'avance gravement et avec beaucoup
de dignité vers Montespan qui recule un peu surpris.

SCÈNE IV

LES PRÉCÉDENTS, MOLIÈRE.

MOLIÈRE, à Montespan, froidement et poliment.

Monsieur, c'est moi que vous cherchez ?

MONTESPAN, violemment.

Je cherche l'insolent qui, devant le parterre,
Vient de glorifier trois heures l'adultère ;
Le rimeur immoral, doublé d'un histrion,
Qui livre à Jupiter l'honneur d'Amphitryon.
— Je veux le bâtonner, et c'est ce qui m'amène.

De BRIE, à part.

Bon ! un Amphitryon dont on a pris l'Alcmène !

MOLIÈRE, tranquillement.

Je suis Molière.

MONTESPAN, surpris.

Vous ?

MOLIÈRE.

Moi... Mais quant au bâton,
Je le subis en scène, et point dans ma maison.

Allant à la porte de gauche et s'adressant aux deux hommes.

Sortez, drôles !

Il ferme la porte au verrou.

MONTESPAN, furieux.

Monsieur, sachez que l'on me nomme
Marquis de Montespan...

MOLIÈRE.

Vous êtes gentilhomme,
Et je ne le suis point ; mais si vous consentez
A laisser un moment vos noms et qualités,
Je vous demanderai pourquoi tous ces outrages.

MONTESPAN, de même.

Des outrages ?... c'est vous, Monsieur, dont les ouvrages
Insultent chaque soir, avec impunité,
La noblesse, l'honneur, la foi, la chasteté ;
Vous, qui n'avez jamais plus vives épigrammes
Que contre les maris dont on séduit les femmes !

MOLIÈRE, à part.

Décidément, le bât le blesse en cet endroit.

MONTESPAN.

Ma femme est à présent la maîtresse du roi.

MOLIÈRE, vivement.

Monsieur ?...

A Laforêt et de Brie.

Sortez.

Les deux femmes sortent par le fond.

SCÈNE V

MOLIÈRE et MONTESPAN

MONTESPAN, haussant les épaules.

Ah ! bah ! personne ne l'ignore
Que cette Mortemart, hélas ! nous déshonore.

MOLIÈRE.

Je l'ignorais, Monsieur, et ces dames aussi ;
Quelle rage vous prend de vous trahir ainsi ?

MONTESPAN, ironique.

Il vaudrait mieux, je sais, être un mari commode
Et poli, taisant tout, comme c'en est la mode,
Sachant céder sa place, et, derrière le dos,
Tendant sa main où son rival met des cadeaux...
Mais je ne hais rien tant qu'un mari philosophe,
Et tout Paris va voir de quel bois je me chauffe !

MOLIÈRE.

Vous allez donc crier partout à haute voix?...

MONTESPAN.

Oui, Monsieur, devant tous, même devant Louvois
(Que ma femme, toujours prévenante et gentille,
Charge de me loger, dit-on, à la Bastille),
Même devant le roi !...

MOLIÈRE, vivement.

Marquis, vous vous perdrez.

MONTESPAN, ironique.

Oh ! si de vos conseils, Monsieur, vous m'honorez !...

MOLIÈRE, à part.

Peste soit du bourru !

MONTESPAN.

Je viens des Pyrénées...

MOLIÈRE, à part.

On le voit bien : un ours !

MONTESPAN.

J'ai passé quatre années
Dans un isolement complet, et, chaque jour,
J'envoyais à ma femme un message d'amour,
Suppliant, attendant le retour de l'ingrate...
Sandis ! ma patience est à bout, et j'éclate !
Et j'irai, dès demain, j'en fais ici serment,
Reprendre Athénaïs à son royal amant...

MOLIÈRE.

Mais je ne suis pour rien, je crois, en cette affaire.

MONTESPAN.

Vous, Monsieur ! vous avez loué cet adultère !
Vous êtes un de ces courtisans sans pudeur
Qui des vices du roi lui font une grandeur,
Qui chantent sa faiblesse à l'égal de sa gloire,
Et lui comptent un crime au poids d'une victoire !

MOLIÈRE, souriant.

En un mot comme en cent, ma pièce vous déplaît ?

MONTESPAN.

Amphitryon, Monsieur, est l'œuvre d'un valet
Qui déprave son maître en approuvant ses fautes. .
Le théâtre a, je crois, des missions plus hautes.

MOLIÈRE

Et vous avez, marquis, quelques prétentions
A m'enseigner ici ces hautes missions ?
C'est plaisant !... J'ai déjà fait quinze comédies,
Par la ville et la cour chaudement applaudies,
Où l'on trouve, il paraît, assez de vérité,
Et qui peut-être iront à la postérité...
Et, parce que le roi les soutient et les aime,
Mes ouvrages sont tous dignes de l'anathème ?

MONTESPAN.

Eh ! s'il les aime, c'est que vous l'y flagornez,
Et lui brûlez partout de l'encens sous le nez.
Je comprends qu'il ait ri tout à l'heure et pour cause !...
Votre pièce finit par son apothéose !...

MOLIÈRE, ironique.

Mais Plaute, qui traita ce sujet avant moi,
Pensez-vous qu'il voulût aussi flatter le roi ?

MONTESPAN.

Morbleu ! l'on sait fort bien que messieurs les poètes,
Ont toujours pour louer des fables toutes prêtes,
Sur lesquelles ils vont rebrodant à nouveau,
Les fades compliments dont est plein leur cerveau ;
Vous n'eussiez pas choisi cette pièce romaine,
Si le roi — Jupiter — n'eût pris ma femme — Alcmène...

MOLIÈRE.

Savez-vous bien, marquis, que vous extravaguez,
Et que les noms affreux que vous me prodiguez,
Bien que je sois au fond un auteur philosophe,
Pourraient bien me pousser à vous trouer l'étoffe ?

MONTESPAN, orgueilleusement.

Qu'est ce à dire ? un duel ? de vous à moi ?

MOLIÈRE, simplement.

                     Pardon ;

Vous m'avez menacé de vos coups de bâton,
Parce que vous avez des argousins à gage...
Je suis plus modéré, je crois, en mon langage,
Puisque, pouvant au roi raconter vos affronts,
Je dis : « Si vous voulez, marquis, nous nous battrons. »

       Silence.

MONTESPAN, s'apaisant tout à coup.

Je le veux bien !... Au fait, ce doit être bizarre :
Un duel de marquis à rimeur, et fort rare !
Or, j'ai juré de faire un scandale d'enfer :
C'est entendu, Monsieur, nous croiserons le fer,
Mais quand ?

MOLIÈRE.

       Ce soir.

MONTESPAN.

       Où donc ?

MOLIÈRE.

                   Ici même, sur l'heure !
J'ai deux lames, et vais vous offrir la meilleure.

MONTESPAN.

Eh ! quoi ! pas de témoins pour juger du combat ?

MOLIÈRE.

Un duel, ce n'est pas une affaire d'État !
Et, de même qu'il faut enfouir dans son âme
Les affronts que l'on peut recevoir de sa femme...

MONTESPAN.

Le détour est adroit .. mais je suis, là-dessus,
Intraitable, et je veux que les affronts reçus
Soient tous vengés ! Je veux qu'au fond d'un monastère
Ma femme aille expier son brillant adultère !
J'ai déjà pris le deuil, ainsi que pour sa mort ;
Mais comme le roi peut m'envoyer dans un fort
Pour me punir d'avoir osé vouloir ma femme,
Je veux, si mon pourpoint résiste à votre lame,
Aller demain encor, comme j'ai fait tantôt,
Me promener sous les fenêtres du château,
A Versailles Déjà mon bizarre équipage
Parmi les curieux a fait quelque tapage...

MOLIÈRE, étonné.

Quel équipage ?

MONTESPAN.

                    Un noir carrosse surmonté
De cornes . Vous riez, Monsieur ?

MOLIÈRE, éclatant de rire.

                              En vérité,
Vous êtes inventif par delà toutes bornes,
Marquis ! Un noir carrosse agrémenté de cornes !...
Je ne me battrai plus avec vous à présent.

MONTESPAN, hautain.

Pourquoi, Monsieur ?

MOLIÈRE, riant.

                    Pourquoi ? Vous êtes si plaisant,
Vous ferez tel fracas avec votre équipée,
Que j'aurais un regret mortel si mon épée
Privait le bon public d'un spectacle si gai.

                                        2

MONTESPAN, vexé.

De votre ton railleur je suis très fatigué,
Monsieur !

MOLIÈRE.

Excusez-moi, marquis ! je suis malade,
Et j'ai le plus souvent le naturel maussade ;
Laissez-moi rire un peu, cela fait tant de bien !

Il rit aux éclats.

MONTESPAN, dépité et faisant mine de s'en aller.

Je suis fou de souffrir que ce comédien...

On frappe du dehors.

MOLIÈRE, arrêtant Montespan qui veut sortir.

Ne bougez pas, marquis.

SCÈNE VI

LES PRÉCÉDENTS, LAFORÊT par moments, puis
CHAPELLE et DE BRIE.

LAFORÊT, traversant la scène de droite à gauche.

On frappe encor.

Elle sort à gauche et on l'entend crier.

Qui vive ?

VOIX DE CHAPELLE dans l'escalier.

As-tu peur, Laforêt ?

MOLIÈRE, joyeux.

Chapelle ! un gai convive,
Un bavard endiablé, marquis, que celui-là,
Et qui peut vous aider à faire de l'éclat !

Il a deux cents amis qui sauront la nouvelle
Au point du jour, et la répandront avec zèle...

MONTESPAN, vivement.

Je ne veux point, Monsieur, d'un pareil allié !
Et puis j'ai réfléchi... Que tout soit oublié.
Vous avez quelques droits à me railler peut-être ;
Chapelle n'en a point.

MOLIÈRE, montrant la table encore servie.

Alors, daignez vous mettre
A cette table, et boire en galant compagnon.

Montespan s'assied. — Appelant.

De Brie !

MONTESPAN.

A votre ami, Monsieur, taisez mon nom.

De BRIE, accourant par la droite.

Qu'est-ce ?

MOLIÈRE, à de Brie.

Chapelle est là , reprenez votre place.

De BRIE, s'asseyant à table, à part, voyant entrer Chapelle.

Ah ! nous sommes sauvés !

CHAPELLE, courant à Molière.

Chapelle est un peu pris de vin pendant la première moitié
de la scène.

Viens çà que je t'embrasse
Pour le chef-d'œuvre exquis que tu nous as donné !

Il embrasse Molière, Laforêt, et veut embrasser de Brie
qui le repousse.

MONTESPAN, à part.

Encore un complaisant ? je suis assassiné !

CHAPELLE, allant à Montespan et saluant.

Monsieur ?...

Montespan s'incline à peine et ne dit mot.

MOLIÈRE, à Chapelle.

Assieds-toi là, près de ce gentilhomme,
Un de mes vieux amis de Gascogne... et qu'on nomme...
Seigneur du Mont-Perdu, marquis de Bois-Jaloux.

MONTESPAN, se cabrant, à part.

Mordieu ! l'impertinent !

CHAPELLE, à Montespan.

Marquis, je bois à vous !
A la vôtre, de Brie, adorable ingénue !

A Laforêt qui sert à table.

Tu ne bois pas un coup pour fêter ma venue ?
Grand critique en jupons, dont le simple bon sens
Vaut mieux que le savoir de quarante pédants !

Buvant, à Molière.

Ho ! ton vin est meilleur qu'à la Croix-de-Lorraine.
C'est donc là, vieux sournois, ta source d'Hippocrène ?
Comme je comprends bien les petits vers exquis
De ton *Amphitryon !* — A la vôtre, marquis !

Il boit.

Chantons-nous pas un peu, comme autrefois ? J'enrage
De voir qu'autour de moi le monde devient sage !

Il chante :

« O mes bons compagnons, jadis
« Buveurs sans honte et sans reproche,
« Quel hiver vous a refroidis ?
« Vous ne buvez que l'eau de roche !

« Las ! et vous oubliez les nuits
« Où les muids succédaient aux muids,
« Où les verres pleins de cervoise !
« Se vidaient si dévotement,
« Où le vin, nectar écumant,
« S'épandait en verve grivoise !

REFRAIN :

« De notre bande au cabaret
« O l'éternelle beuverie !
« Quels pots de vin, brun ou clairet !
« Blanc ou bleu notre confrérie
« Vidait jadis au cabaret !
« Dans mon vin qui rit, ô regret !
« Je bois une larme attendrie !

2ᵉ COUPLET.

« Racine est mort, mort est Boileau,
« Puisque leurs pâlissantes trognes
« Ne se mirent plus que dans l'eau,
« Dans l'eau, ce poison des ivrognes,
« Toi, Saint-Amand, ô buveur-roi,
« Tu cuves dans un tombeau froid
« Ton dernier vin. Rigide et calme,
« Tu te rappelles maintenant
« Ces tournois où pas un tenant
« N'osait te disputer la palme !

« De notre bande au cabaret... etc.

MOLIÈRE

Ta chanson n'est point gaie.

CHAPELLE.

                  Elle porte le deuil
De nos petits soupers à ta maison d'Auteuil.

MOLIÈRE, mélancolique.

Il est vrai. Le bon temps !... t'en souvient-il, de Brie ?

DE BRIE, émue.

S'il m'en souvient !
Moment de silence parmi les convives.

CHAPELLE, gaiement.

            Voyons ! cette *larme attendrie*,
C'est pour la rime !... Diable ! un Chapelle versant
Des larmes dans son vin ? ce serait amusant !
— A la vôtre, marquis !
Nouveau silence.

             Et la pièce nouvelle,
Amphitryon, comment la trouvez-vous ? fort belle,
N'est-ce pas ?

MONTESPAN, renfrogné, montrant Molière.

      J'en ai dit tantôt mon sentiment.

CHAPELLE, de même.

Admirez-vous surtout ce leste dénoûment,
Et la moralité qui de l'œuvre transpire ?

MONTESPAN, irrité.

Hum !

MOLIÈRE, bas à Montespan.

     Vous vous trahirez !

CHAPELLE, déclamant.

« Faisons trève aux discours,
« Et que chacun chez soi doucement se retire :
« Sur telles affaires toujours
« Le meilleur est de ne rien dire. »
(Vers par lesquels Sosie termine *Amphitryon*.)

MONTESPAN, se contenant à peine, à part.

J'enrage !

MOLIÈRE, bas à Montespan.

Calmez-vous.

CHAPELLE.

Et Jupin s'enfuyant
Vers l'Olympe, et laissant Amphitryon béant ?

MONTESPAN, éclatant et bousculant la table.

Corbleu ! ce dénoûment vous en parlez à l'aise !
Courtisans débauchés, je comprends qu'il vous plaise,
Car tout vous semble bien dès que le maître a ri !
Mais que si vous étiez le malheureux mari,
Vous trouveriez cela bien moins plaisant, en somme.

CHAPELLE, stupéfait, à part.

Ah ! diable ! j'ai marché sur les cors du bonhomme !

MONTESPAN, continuant.

Si vous étiez, ayant atteint l'âge que j'ai,
Les époux d'un tendron qui vous donnât congé,
Qui vous laissât moisir pendant plusieurs années
Dans un manoir désert, là-bas, aux Pyrénées,
Et trainât loin de vous, avec votre blason,
Des bâtards destinés à porter votre nom,
Vous trouveriez alors que l'affront est sensible,
Et qu'un mari... trompé, ce n'est pas si risible !

CHAPELLE, bas à de Brie.

Son nom de Bois-Jaloux est dignement porté !

DE BRIE, bas à Chapelle.

Mais ce n'est point son nom.

CHAPELLE, de même.

Comment ?

De Brie lui parle bas.

En vérité ?

Se levant, à Montespan, montrant Molière.

Marquis, excusez-moi. J'ignorais par sa faute
Que mon ami chez soi possédât un tel hôte...

MONTESPAN, sèchement.

Vos excuses seraient des insultes encor :
Taisez-vous, s'il vous plait !

CHAPELLE, à part.

Au diable le butor !

MONTESPAN, à Molière.

Quant à vous qui prêchez cette morale obscène,
Et traînez les maris trompés sur votre scène...

MOLIÈRE.

Mais en les y mettant c'est moi que j'y produis !
Vos griefs contre moi vont être bien réduits
Quand vous saurez qu'au fond de ma philosophie
(N'allez pas répéter ce que je vous confie !)
Se cachent les tourments d'un mari malheureux :
Je raille les jaloux, mais je suis l'un d'entre eux...

MONTESPAN, dédaigneux.

Oh ! les conditions, Monsieur, sont différentes :
Le théâtre, on le sait, a des mœurs tolérantes,
Des amours passagers, éclos en un instant,
Et qu'avec son costume on dépouille en sortant.
On s'y prend, on s'y quitte, on s'y reprend encore,
Mais une trahison jamais n'y déshonore,
Et l'on doit peu souffrir quand un caprice rompt
Ou dénoue un lien à se former si prompt.

MOLIÈRE, amèrement.

Voilà ce que partout on nous jette à la face :
Au théâtre, tout n'est que fard et que grimace ;
Un cœur n'y bat jamais à l'abri d'un pourpoint ;
Sous le comédien l'homme n'existe point,
C'est entendu !... Que si l'acteur est un poète,
Il n'a rien dans le cœur, tout lui vient de la tête.
Il fait pleurer et rire, il place devant vous
Des hommes bien vivants, des sages et des fous,
Arnolphe aimant Agnès, Alceste Célimène,
Tous payant leur tribut à la faiblesse humaine...
C'est fort bien ! Mais celui qui les fait discourir,
N'a ni le droit d'aimer ni le droit de souffrir ;
Il ne peut éprouver ce qu'aux autres il prête,
Car ce n'est qu'un acteur et ce n'est qu'un poète !
Quelle dérision !

CHAPELLE.

Bien, Molière !... Boileau,
Dans son fameux sermon sur les charmes de l'eau,
Sermon pendant lequel il but mainte rasade,
Ne fut, au prix de toi, qu'un endormeur maussade.

Molière tousse.

De BRIE, à Molière.

Mais cela vous fait mal d'y mettre tant de feu !

MOLIÈRE, amer.

Je suis comédien, tout cela n'est que jeu !

Il sort en toussant suivi par de Brie.

SCÈNE VII

MONTESPAN, CHAPELLE, LAFORÉT.

LAFORÉT, à Montespan.

Vous voulez donc, marquis, lui faire rendre l'âme,
Franchement !... Hé ! morbleu ! que nous fait votre femme ?
Elle vous trompe... quoi ! vous avez du souci ?
Mais la nôtre est pareille, et nous en donne aussi !...

CHAPELLE.

Et vous avez sur nous encor cet avantage,
Marquis, que vous souffrez d'un illustre partage.

MONTESPAN, furieux.

Un partage ! jamais !

CHAPELLE.

Je sais tel grand seigneur
Qui prendrait votre affront pour un excès d'honneur !
Tandis que lui, marquis, sa femme le délaisse
Pour deux ou trois galants de roturière espèce,
Et descend de l'auteur d'ouvrages éternels
A Guérin et Baron, deux bouffons solennels !

MONTESPAN.

Elles sont donc partout les mêmes ces... femelles !

CHAPELLE, lui montrant Molière, rentrant
à droite, la main sur l'épaule de de Brie.

Toutes ? non. Regardez : il en est de fidèles.

SCÈNE VIII

LES PRÉCÉDENTS, MOLIÈRE, DE BRIE.

DE BRIE, à Molière, avec intérêt.

Vous ne souffrez plus ?

MOLIÈRE, ému.

Non. Merci, ma chère enfant !

DE BRIE, de même.

Quand vous toussez ainsi, j'ai mon cœur qui se fend ! .
— Chassez cet importun, ne gardons que Chapelle...
Je vous dirai mon rôle.

MOLIÈRE, regardant de Brie, à part.

Aussi bonne que belle !..
Pauvres cœurs méconnus que nous sommes tous deux !

Haut, en souriant.

Eliante !

DE BRIE, souriante.

Alceste !

CHAPELLE, à Laforêt, montrant Molière et de Brie.

Hé ! ce sont des amoureux !

LAFORÊT.

Plût à Dieu que mon maître oubliât son Armande,
Et qu'il aimât ailleurs !

      A la vûe de Molière souffrant, il se produit chez Montespan,
      bon cœur au fond, un apaisement subit.

MONTESPAN, à Molière, avec douceur.

        Monsieur, je vous demande
D'oublier mes gros mots et mes emportements,
Nous souffrons tous les deux, je vois, mêmes tourments ;
Vous savez les cacher, vous pouvez même en rire
Et changer en leçons pour nous votre martyre :
Je suis moins philosophe, ou moins fort de moitié,
Et pour qui me trahit mon cœur est sans pitié !...

MOLIÈRE, interrompant.

Mais pourquoi les montrer, ces tourments qu'on ignore ?
C'est par le bruit qu'on fait que l'on se déshonore.

MONTESPAN.

Eh bien, je me tairai, je l'essairai du moins,
Et pour mieux dévorer mes affronts sans témoins,
Je reprends le chemin de nos chères vallées,
Qui de ces trahisons ne sont jamais troublées,
Et qui n'ont pour tout bruit que le chant des oiseaux,
Le murmure du gave et la voix des troupeaux.
Je me fais paysan, je retourne mes terres,
J'ensemence de blé nos landes solitaires,
Je répands par mes prés des vaches et des bœufs,
Et des moutons bêlants sur mes coteaux herbeux.
Je taille en mon verger les pêchers et les treilles,
Veille à la basse-cour, au vivier, aux abeilles...
Parfois, pour me distraire, armé d'un long roseau,
Je jette l'hameçon aux truites du ruisseau,

Puis prenant un épieu, fièrement j'accompagne
Dans leurs chasses à l'ours, mes voisins de montagne,
Les seigneurs de Birou, dont les pères jadis,
Ont mis le Béarnais sur le trône des lis,
Et qui, disgraciés, oubliés de Versailles,
Ont gardé leur honneur intact et leurs murailles.

MOLIÈRE.

Voilà des sentiments tels qu'on en doit avoir
Quand on souffre, marquis !... Allez donc les revoir
Ces bois, ces champs, ces prés, ces terres paternelles,
Qui, quand tout nous trahit, nous demeurent fidèles,
Dissipent nos chagrins, apaisent nos remords,
Nous nourrissent vivants et nous abritent morts.

MONTESPAN, à Molière.

Venez donc avec moi vous rasséréner l'âme.

MOLIÈRE.

Non. Mon œuvre imparfaite encore me réclame.

MONTESPAN.

Votre œuvre ?

MOLIÈRE.

              Oui. Vous allez défricher vos guérets,
Ensemencer vos champs, replanter vos forêts ..
Or j'ai ma terre à moi, dont je suis idolâtre,
Que je veux féconder aussi, c'est le théâtre.
Terre ingrate, terrain perfide, où si souvent
Le grain ne lève pas et se dessèche au vent !
Terrain que, jusqu'ici, des laboureurs frivoles
Avaient ensemencé d'ivraie et d'herbes folles,
Et qu'en tout sens je veux remuer, assainir,
Afin que les moissons y puissent bien venir.

— En termes clairs, je veux mettre encor sur la scène
Quelques échantillons de la sottise humaine ;
Tourner et retourner l'homme dans tous les sens,
Lui montrer ses côtés odieux ou plaisants,
Et, d'aimables dehors habillant ma satire,
Faire un peu réfléchir en faisant beaucoup rire.

MONTESPAN, séduit.

Ah ! vous avez raison ! Tenez, j'étais un sot
Quand sur votre métier je vous raillais tantôt.
Continuez, Monsieur, fustigez sans faiblesse
Les marquis fanfarons entichés de noblesse,
Les bigots, les fâcheux, les niais, les bourrus,
Les pédants dont les noms se terminent par us,
Ou par ès, les Cathos, oracles des ruelles...
Mais réservez toujous quelques flèches cruelles
Pour les maris trompés qui viennent, comme moi,
Se plaindre de l'honneur que leur fait le grand roi.

CHAPELLE.

Marquis, je suis charmé de vous voir raisonnable.
Cet heureux changement veut qu'onle fête à table.

Il se rassied.

MONTESPAN, allant pour se rasseoir aussi.

Que le roi garde en paix son illustre catin !
Je vais faire enlever mon fils le duc d'Antin,
Pour qu'il ne soit jamais perverti par sa mère,
Ni coudoyé par les enfants de l'adultère ;
Et, mettant vingt pays entre ma femme et moi,
Attendre le moment.
Coups répétés à la porte.

UNE VOIX, du dehors.

Ouvrez ! au nom du roi !

CHAPELLE, sursautant.

Au diable ! je suis pris !

Stupéfaction générale.

MOLIÈRE.

Comment ?

DE BRIE, à Laforêt.

J'ai peur !

MOLIÈRE, à Chapelle.

Explique

Ce qui peut te causer...

CHAPELLE, vite.

C'est... la force publique,
Le guet, que nous avons tantôt... avec Faret
Et d'autres... tu comprends...! Sortant du cabaret,
Nous avions le sang chaud, et, transformant les rôles,
Nous avons quelque peu mis en fuite ces drôles.

VOIX DU DEHORS (Bruit d'armes sur le seuil.)

Ouvrez !

MOLIÈRE.

Attendez là, je vais parlementer.

Il sort à gauche.

SCÈNE IX

Les Précédents, moins MOLIÈRE.

MONTESPAN, à Chapelle.

Si c'était moi, Monsieur, que l'on vînt arrêter ?

CHAPELLE, incrédule.

Ah ! bah ! prenons au moins ce flacon délectable ;
La prison en janvier, est très peu confortable,
Et l'eau pure est si froide !

Il empoche la bouteille.

Un coin de ce pâté
Pour faire contre-poids.

Il met une tranche de pâté dans l'autre poche.

Allons, je suis lesté.

Il va pour sortir.

MONTESPAN, l'arrêtant.

La troupe que tantôt vous avez mise en fuite ?...

CHAPELLE, vivement.

Etait là, sous le mur, à droite.

MONTESPAN.

C'est ma suite,
Et non le guet !

CHAPELLE, obstiné.

Pardon ! je ne me trompe pas,
Marquis, et le guet seul peut filer de ce pas.
Vos hommes aux talons portent-ils donc des ailes ?

MONTESPAN, à part.

Poltrons !

CHAPELLE, à Laforêt et de Brie, buvant.

Encore un coup. — Adieu, Mesdemoiselles.

LAFORÊT, émue.

Pauvre ami !

MONTESPAN, à Chapelle, avec componction.

J'ai regret...

Molière rentre.

SCÈNE X

LES PRÉCÉDENTS, MOLIÈRE.

MOLIÈRE, interrompant Montespan.

On vient vous arrêter,

Marquis.

MONTESPAN.

Moi ?

MOLIÈRE.

Vous.

CHAPELLE, ébahi.

Voyons, est-ce pour plaisanter ?

MOLIÈRE.

Du tout : l'exempt est là .. l'ordre est de La Reynie.

MONTESPAN.

Je reconnais ma femme à cette ignominie,
Et ce valet brutal qu'on appelle Louvois !
D'un époux trop gênant on étouffe la voix,

C'est dans l'ordre, et les rois ont construit la Bastille
Pour mettre le mari dont la femme est gentille.

MOLIÈRE.

Votre absurde carrosse est cause de cela !
Mais le roi, j'en suis sûr, ignore cet éclat ;
Je le verrai demain.

MONTESPAN.

Merci, Monsieur Molière.

Saluant.

Mesdames !

Il va pour sortir et se livrer.

CHAPELLE, à Montespan (contre-partie du
jeu de scène précédent).

J'ai regret...

MOLIÈRE, rêvant.

L'idée est singulière...
Et cependant... Allons, tout pourra s'arranger...

Tous le regardent surpris.

CHAPELLE

Que dit-il ?

MOLIÈRE, vivement, à Montespan et à Chapelle.

Entre vous hâtez-vous de changer
De pourpoint.

CHAPELLE, stupéfait.

Hé ! comment ?

MOLIÈRE, de même à Chapelle.

C'est toi que l'on appelle

A Montespan.

Marquis de Montespan, et vous êtes Chapelle.

MONTESPAN, fièrement.

Monsieur !

MOLIÈRE, à Montespan.

Hâtez-vous donc.

CHAPELLE, à Molière.

Es-tu fou ?

MOLIÈRE, à Chapelle, montrant le marquis.

Si c'est lui
Qu'on encage, il en a pour de longs jours d'ennui :
La prison s'ouvre vite, et lentement se rouvre ;
Tandis que si c'est toi, demain tout se découvre,
Je vais parler au roi, l'on voit qu'on s'est trompé,
Et tu sors, quand Monsieur sans bruit a décampé.

MONTESPAN.

Je ne puis me prêter à pareil subterfuge ;
Qu'on m'emprisonne, soit ! il faudra qu'on me juge.

MOLIÈRE, impatienté.

Hé ! l'on ne juge point ceux qu'on arrête ainsi !
On vous enterrera dans un fort, loin d'ici,
A Pignerol, ou bien au Château d'If, n'importe...

CHAPELLE, généreusement, et d'un ton moitié plaisant.

Je me dévoue, allons, cette raison l'emporte !
Et puis, c'est un bon tour, digne de Rabelais.

Montespan et Chapelle échangent leurs pourpoints et leurs chapeaux.

MONTESPAN, se contemplant dans son nouvel
accoutrement, à Molière.

Corbleu ! l'on me prendrait pour un de mes valets !

MOLIÈRE, à Montespan.

Sous un déguisement la fuite est plus aisée.

CHAPELLE, à Molière, se carrant dans son nouvel habit.

Aurai-je d'un marquis la démarche empesée ?

MOLIÈRE, à Chapelle, le poussant vers la porte.

La nuit est noire, va, cher ami, dors en paix !

MONTESPAN, s'examinant toujours, à part.

Que je me semble gueux !

CHAPELLE, même jeu, à part.

Que je me trouve épais !

MONTESPAN, même jeu.

Mes gens en me voyant me fermeront la porte !

CHAPELLE, même jeu.

Si ma mère m'eût vu fagoté de la sorte !

MOLIÈRE, intervenant.

Vous êtes bien tous deux.

CHAPELLE, à Montespan.

Rendez donc le flacon.

Il reprend le flacon dans la poche de Montespan.

Et le pâté !

Il reprend le pâté. — A de Brie et Laforêt.

C'est dur pourtant pour un garçon
De remplacer un vieux jaloux.

De BRIE, avec une gravité comique.

C'est héroïque !

CHAPELLE, de même.

Pour un épicurien, je me trouve stoïque !

À de Brie.

Si vous vouliez pourtant, charmante, d'un baiser
Adoucir les ennuis où je vais m'exposer !

DE BRIE.

Cela diminuerait par trop le sacrifice :
On couronne un martyr, mais après son supplice.

CHAPELLE, à Molière.

Tu viendras me chercher ?

MONTESPAN, à Chapelle.

Je ne sais quelque jour
Si je pourrai, Monsieur, vous payer de retour.

CHAPELLE, l'interrompant.

J'espère bien que non ! je suis célibataire,
Et veux l'être jusqu'à ce qu'on me porte en terre.

MOLIÈRE, poussant Chapelle vers la gauche
et le saluant gravement.

Finissons ces discours, marquis ; on vous attend.

CHAPELLE, se décidant, à part.

Pour faire un peu de bien, qu'il en coûte pourtant !

Ouvrant la porte de gauche et s'adressant à l'exempt avec solennité.

Est-ce à moi qu'on en veut ?

VOIX DE L'EXEMPT, sur le palier.

Est-ce vous qu'on appelle
Marquis de Montespan ?

CHAPELLE, se livrant.

C'est moi.

LAFORÊT, attendrie.

Pauvre Chapelle !

SCÈNE XI

LES PRÉCÉDENTS, moins CHAPELLE.

MOLIÈRE, à Montespan.

Vous voyez, cher marquis, que la dextérité
D'un poète comique a son utilité.

MONTESPAN.

Je vois que j'ai blessé, dans ma jalouse rage,
Un homme dont l'esprit égale le courage !

Tendant la main à Molière.

Votre ami pour toujours, Monsieur Molière !

MOLIÈRE, s'inclinant.

Et moi,

Votre humble serviteur, marquis

MONTESPAN, se récriant.

Non, sur ma foi !..

Serviteur ? allons donc ! je vous tiens pour un maître,
Et vous embrasserai, si vous voulez permettre.

Ils s'embrassent.

LAFORÊT, bas à Molière, montrant le marquis.

Il n'a pas celui-là des boutons de cristal
A son gilet ! Et moi, qui le croyais brutal !
Le pauvre homme !

MONTESPAN, à de Brie, à mi-voix.

Ah ! tenez, vous êtes belle et douce ;
Aimez ce grand esprit, que sa femme repousse,
Egayez son logis, soufflez-lui de beaux vers,
Et guérissez son cœur des maux qu'il a soufferts !

DE BRIE, *ingénument.*

Ce conseil est oiseux, marquis, je vous l'atteste :
Éliante ne peut aimer jamais qu'Alceste...
Aussi, quand Célimène a troublé sa raison,
En lutin familier, je viens à la maison ;
Je saute, je babille ainsi qu'une écolière,
Et mets toute ma gloire à dérider Molière.

MOLIÈRE, *à Montespan, riant.*

Quoi ! vous contez fleurette à de Brie, à présent ?...
Il faut quitter Paris, le danger est pressant ;
On peut s'apercevoir de notre stratagème.

MONTESPAN.

Hélas ! partir la nuit, comme un voleur, sans même
Récompenser celui qui pour moi s'est livré ?

MOLIÈRE, *de même.*

Chapelle ? hé ! n'a-t-il pas votre pourpoint doré ?
Il le vendra pour boire. — Allons, et faites hâte.

MONTESPAN.

Si je pouvais au moins souffleter mon ingrate !

MOLIÈRE, *avec reproche.*

Fi ! marquis, je croyais tous ces transports calmés.

MONTESPAN, *avec mélancolie.*

Vous les comprenez bien, Monsieur, si vous aimez !

MOLIÈRE, *à part.*

Hélas !

		Haut.

Oubliez-la !

		MONTESPAN, *de même.*

		Je ne peux !

LAFORÊT, à de Brie.

Deux malades,

Dont l'un veut guérir l'autre !

MOLIÈRE, à Montespan.

Auprès de vos cascades,

A l'ombre de vos bois, le calme en votre sein
Renaîtra : la nature est un grand médecin...

MONTESPAN.

Et vous aussi, Monsieur ! Vos paroles sensées
Ont remis l'équilibre au fond de mes pensées,
Et je vous dois, non pas seulement d'éviter
Le cachot où Louvois espérait me jeter,
Mais de comprendre aussi, quoiqu'un peu tard en somme,
Ce que, dans mon malheur, doit faire un galant homme.
Votre Sosie, au fond, n'a pas un si grand tort,
Et j'applaudis les vers que j'ai blâmés d'abord :
Pour suivre son conseil, Monsieur, je me retire,
Estimant que j'ai fait ici cent sots discours,
      Et qu'en « ces affaires toujours
      « Le meilleur est de ne rien dire. »

LA TOILE TOMBE

Toulon — Imp. B. PHARISIER et Cie, rue Nationale, 49

www.ingramcontent.com/pod-product-compliance
Lightning Source LLC
LaVergne TN
LVHW010210070726
842528LV00014B/929